LE

SEPTENNAT

LE SEPTENNAT

PAR

Edouard BOINVILLIERS

Tout pour la France, rien pour les partis.

PARIS

LACHAUD et BURDIN

LIBRAIRES-ÉDITEURS

4, PLACE DU THÉATRE-FRANÇAIS, 4

1874

LE

SEPTENNAT

Tout pour la France, rien
pour les partis.

Les pouvoirs accordés au maréchal de Mac-Mahon vont être prochainement discutés. Bien que la Chambre se soit liée par un vote qui en fixe la durée, il est évident que l'autorité souveraine, qui fait la loi, peut la défaire ; il est non moins certain qu'en n'accordant pas au maréchal les prérogatives qui lui semblent indispensables pour gouverner le pays, l'Assemblée peut mettre le chef de l'Etat dans la nécessité de donner sa démission, et qu'elle rentre indirectement dans la plénitude de son droit.

Tant que le vote du 19 novembre n'aura pas été infirmé, par un vote contraire, il n'est permis à personne de nier la légalité des pouvoirs de l'illustre duc de Magenta ; mais il reste, à tout citoyen, le droit de discuter, à l'avance, les lois constitutionnelles, et la Chambre, qui les met publiquement à son ordre du jour, qui donne chaque soir, à la presse, l'état et la marche des discussions préliminaires de la Commission des Trente, invite expressément l'écrivain politique, à se saisir de la question et à la traiter.

Nous croyons que c'est faire œuvre de bon citoyen, jaloux de la gloire et de la prospérité de son pays, de sa bonne renommée et de son influence dans le monde, que de dire très haut, et avec l'accent d'une intime conviction, que le pays ne peut se relever qu'avec des institutions définitives, et qu'un provisoire, fût-il de vingt ans, laissera tout en souffrance. Prévoir et nommer les écueils qu'une institution politique peut rencontrer sur sa route et mettre ainsi ses partisans dans le cas de les éviter; le dire en termes respectueux et mesurés; c'est agir en ami plutôt qu'en adversaire.

Pour comprendre les difficultés fort sérieuses que va rencontrer le Cabinet, il faut faire une rapide revue des forces dont il dispose et des ressources de ses adversaires.

*
* *

Ce pays est fatigué; l'état révolutionnaire, dans lequel il vit depuis trois ans, a, notablement affaibli son courage civique et diminué son intelligence politique; les charges de la guerre dont il n'a pas

souffert au premier moment, parce qu'il les a sol-
dées par un emprunt, commencent à peser lourde-
ment sur lui ; il sent très vivement le besoin du
travail, au moment même où ce travail manque et
où il serait indispensable pour combler les vides
faits dans l'épargne publique. Il est donc dans une
situation d'esprit favorable à toute politique qu'il
croira capable d'assurer son repos, même provi-
soirement.

Le Français, d'ailleurs, a de l'instinct, mais peu
d'éducation politique, et il n'est guère en mesure
de comprendre si les hommes, qui détiennent aujour-
d'hui le pouvoir, sont en état, par leurs doctrines
et leurs talents, de garantir l'ordre et le crédit
publics ; on a tellement besoin de sécurité, qu'on
est disposé à croire les gens sur parole, et qu'on les
croit. L'erreur est rendue facile par certains journaux conservateurs, qui méritent assurément leur
titre, car ils s'efforceraient de conserver le néant

lui-même ; ces journaux jouent leur rôle habituel auprès du gouvernement et poussent à tout pro-pos, et même hors de propos, leur cri de guerre : *Tout pour la France ; rien pour les partis !* ce qui revient à dire : *Tout pour le gouvernement ! rien pour ses adversaires !* ou bien encore : *Tout pour le provisoire ; rien pour le définitif !* Cet aphorisme, qui est le pivot de notre politique depuis trois ans, n'est, à proprement parler, qu'une sottise ; mais c'est une sottise à la mode ; aussi, gare à qui hésite à la suivre !

Cependant, il n'y a qu'une manière connue, en tout temps et par tout pays, de clore une révolu-tion, c'est de laisser se mesurer les partis rivaux et de donner la victoire au plus fort ; il n'y a que cette victoire qui puisse faire rentrer une nation dévoyée dans une voie régulière ; conçoit-on notre gouvernement, éternellement obligé de sui-vre quatre directions différentes, et de donner un quart d'influence et de places aux Légitimistes, aux Orléanistes, aux Impérialistes et aux Républicains ? C'est le comble de la déraison !

Le conçoit-on davantage, écartant systématiquement tout homme politique et administrant avec des fonctionnaires n'ayant jamais fonctionné au profit d'un régime quelconque et ne se recommandant ainsi que par une ignorance absolue de leur métier ? Quel singulier personnel de Préfets et de Sous-Préfets on réunirait, en procédant de la sorte ! Un ministre, homme d'affaires, est néanmoins, et au premier chef, un ministre politique ; car il ne peut établir un budget, décréter un travail public, signer une nomination, sans suivre, ou les traditions monarchiques, ou les traditions républicaines ; les Bonapartistes, qui sont regardés comme des hommes d'affaires expérimentés, ne sont-ils pas en même temps des hommes politiques fort accentués ?

Quoi qu'il en soit, il faut hurler avec les loups, si

l'on ne veut pas s'attirer de méchante affaire et, s'écrier comme tout le monde : *Tout pour la France et rien pour les partis !* Et cependant, il n'y a qu'un parti qui puisse donner à un gouvernant son drapeau et à l'administration une direction unique.

Tout pour la France et rien pour les partis !

Et cependant, tant qu'il y aura plusieurs partis au pouvoir, la lutte s'établira entre eux, et comme toute lutte est mortelle au crédit, on ne trouvera plus de budget en équilibre et chaque année il faudra inventer des impôts nouveaux.

Tout pour la France et rien pour les partis !

Et cependant il n'y a qu'un parti victorieux qui puisse donner une solution logique et sensée aux grands problèmes qu'on agite vainement depuis trois ans ; c'est au profit d'un parti et en arborant ses couleurs qu'on organisera l'armée, la magistrature et le Conseil d'Etat, qu'on fera une loi sur la presse et une loi électorale; n'a-t-on pas déshonoré la loi municipale en lui infligeant la qualification de provisoire pour complaire à un parti qu'il fallait ménager.

Tout pour la France et rien pour les partis !

Et cependant, les plus compromis dans cette sottise l'abandonnent bruyamment et s'empressent, avec la passion du prisonnier pour sa délivrance, dès qu'une solution, c'est-à-dire la victoire d'un parti, apparaît à l'horizon ! On l'a bien vu naguère, lorsqu'il s'agissait de la fusion.

Tout pour la France et rien pour les partis !

Et cependant, est-il un homme sérieux pour prétendre que la soi-disant trêve des partis, n'est pas un masque fort transparent, à l'abri duquel, les gens qui sont au pouvoir font les affaires de leur parti? Est-ce que derrière M. Thiers on n'apercevait pas la République! Est-ce que derrière M. de Broglie il est difficile de distinguer les Orléanistes?

Tout pour la France et rien pour les partis!

Telle est la folie du jour; mauvais citoyen qui ne déraisonne pas de la sorte; on n'a plus de crédit ici qu'en [s'évertuant à bâtir en l'air, et c'est devenu œuvre de patriotisme et de sagesse que de construire sur le sable!

La lassitude du pays, les ravages portés dans l'esprit public par cette sotte formule, une opinion favorable à l'apparence même de la force, et une majorité parlementaire mécontente, mais résignée, telles sont les meilleures chances d'établissement du pouvoir actuel.

Toutefois, comme l'erreur, même la plus répandue, ne saurait durer longtemps, et que d'ailleurs les chefs de partis en France savent parfaitement bien, malgré la formule à la mode, que le pouvoir finira par appartenir à celui qui aura battu ses adversaires, on ne désarme pas. Dans les questions capitales, et je qualifie ainsi celles qui auraient pour but ou pour effet, d'empêcher les partis de vivre librement, au grand jour de la politique, on peut être assuré qu'ils engageront toutes leurs forces et risqueront la bataille. Le centre droit et la droite de l'Assemblée, qui représentent le parti Orléaniste parlementaire, voteront sans doute les mesures décisives que présentera le Gouvernement ; mais toutes les autres fractions de la Chambre se révolteront.

Lorsqu'il s'agira de donner au Président de la République le droit de dissolution ; lorsqu'on voudra enlever une loi sur la presse destinée à rendre passibles des tribunaux ou des rigueurs administratives tout regret ou toute propagande monarchique; lorsqu'on abordera la loi électorale avec la pensée à peine déguisée de mutiler le suffrage universel au profit d'un régime censitaire; lorsqu'il faudra enfin voter le célèbre art. 1er des lois constitutionnelles, qui posera la question de Monarchie ou de République aussi bien par prétérition que par affirmation, des jours difficiles seront venus, et pour le Cabinet, et pour le Gouvernement. Or, il faut faire une extrême attention à la manière dont se partagent aujourd'hui les voix à l'Assemblée; dans les journées décisives, il y a derrière M. Thiers 315 à 320 voix; le groupe de l'appel au peuple et celui des chevau-légers réunissent environ 80 voix; il peut donc y avoir, et il y aura probablement, dans les moments critiques, 400 voix opposées au Gouvernement. On peut, il est vrai, passer à côté de ces questions et ne pas les soumettre au vote de l'Assemblée, mais alors c'est le *statu quo* actuel, c'est-à-dire la chose du monde la moins capable d'assurer un lendemain, celle dont personne ne paraît plus vouloir, et l'honorable maréchal Mac-Mahon moins que personne.

Pour me résumer sur ce premier point, je dirai que le cabinet ne me paraît pas devoir sortir heureusement de la discussion des lois constitutionnelles et que le septennat du Président peut y périr avec lui.

*
* *

Examinons cependant l'hypothèse contraire: tous les redoutables défilés ont été heureusement franchis; les pouvoirs du Maréchal sont sortis victorieux de la lutte; il a deux Chambres et une bonne loi sur la presse; il s'est heureusement débarrassé de son vêtement républicain et ne s'appelle plus que *chef du pouvoir exécutif;* il a le droit de dissoudre la Chambre; il est environné du prestige qu'on accorde toujours aux vainqueurs, aussi bien en politique que sur les champs de bataille; il semble donc qu'ainsi glorieux et armé, il puisse attêindre, haut la main, le terme légal de ses sept ans.

Il faut considérer, cependant, que toutes ses prérogatives nouvelles auront été fort discutées à la Chambre; qu'il n'en est pas une qui puisse être votée à plus de quelques voix de majorité, de sorte que la victoire, très chèrement achetée sera aussi moins féconde; il faut se souvenir, en outre, que cette Assemblée aura bien vieilli, lorsqu'elle mettra au monde son nouveau-né constitutionnel; que l'enfant sera chétif; qu'on lui contestera, certainement plus d'une fois, sa qualité d'enfant légitime, parce que le pays n'aura pas été directement et spécialement consulté.

C'est alors qu'apparaîtra la fragilité d'un établissement pour lequel on aura cependant tout demandé et tout obtenu; on s'apercevra, avec un douloureux étonnement, qu'un provisoire, de quelque durée qu'il soit, conserve tous les vices inhérents à sa nature; qu'à l'inverse des gouvernements réguliers qui se consolident par leur durée même, il ira s'affaiblissant, d'année en année, parce que chaque jour le rapproche de la catastrophe prévue par tous : après deux ans, les grandes affaires industrielles et commerciales qui ont besoin d'un long avenir de tranquillité, n'auront même plus 5 ans devant elles, car, bien avant le terme fatal elles s'arrêteront complétement. La sécurité publique n'existe qu'à la condition d'avoir réglé à l'avance, la procédure politique du changement de gouvernement. Que dirait-on d'un conducteur qui lancerait son équipage à fond de train sur une route terminée par un immense précipice? On a dit, avec une superbe assurance : *le septennat sera monarchique* ou *ne sera pas* : c'est une erreur absolue; le septennat ne peut être que *républicain*, et c'est parce que la majorité monarchique ne permettra jamais qu'il soit organisé au profit de la République, qu'il restera provisoire et précaire.

Cette situation, quand elle sera bien connue, amènera, sans doute, un grand découragement dans les esprits; mais c'est, surtout, au point de vue extérieur qu'elle peut avoir les plus désolantes conséquences; notre influence dans le monde a, pour régulateur infaillible, le crédit que nous accordons nous-mêmes à notre gouvernement; en l'estimant fort nous lui donnons de la force, en le respectant nous le faisons respecter de l'étranger; mais si ce crédit doit fatalement diminuer d'heure en heure, qu'arrivera-t-il de nous?... Ce côté de la question est trop triste pour y insister, et chacun suppléera à ce que je n'ai pas le courage d'écrire. Revenons à notre politique intérieure.

Le premier acte important du maréchal sera, sans

doute, de remercier la Chambre actuelle. La grave hostilité des partis entre lesquels elle se divise ne lui permettra pas de la conserver, d'ailleurs il s'empressera de répudier cette absurdité si chère à certains politiques, d'un gouvernement surmonté de quatre drapeaux différents; la pression de l'opinion publique qui regardera la tâche de l'Assemblée comme finie, lorsqu'elle aura voté les lois constitutionnelles; la crainte légitime de voir la majorité changée par les votes de députés radicaux, produit des élections partielles; enfin, il faut l'avouer, le discrédit où sera tombée cette Chambre qui commence déjà à désespérer d'elle-même; tout se réunira pour rendre la dissolution nécessaire; d'ailleurs tant que cette grande mesure n'aura pas été prise, l'établissement nouveau ne présentera aucune garantie sérieuse de durée, parce que tout le monde aura facilement deviné, à la fois, et que cette épreuve doit être tentée, et qu'elle est pleine de périls.

L'Assemblée nouvelle sera composée en grande majorité, cela ne fait de doute pour personne, de républicains et d'impérialistes; dans quelles proportions ces deux partis se trouveront-ils représentés? On l'ignore encore. Le certain, c'est que dans les deux hypothèses le gouvernement du maréchal sera chancelant. Devant une majorité républicaine l'illustre duc de Magenta se retirera certainement; en présence d'une majorité bonapartiste, il ne pourrait rester qu'à la condition de préparer les voies au retour de l'empire.

Cependant, dit-on, pourquoi le gouvernement, disposant d'une grande influence, n'obtiendrait-il pas du corps électoral une majorité *Mac-Mahonienne*, composée d'hommes n'ayant pas d'attaches sérieuses avec les anciens partis, et jaloux seulement de gouverner sous les auspices du maréchal? C'est là une pure utopie; la France a déjà trop de quatre partis; mais heureusement pour elle, il n'est loisible à personne d'en inventer un cinquième ; les électeurs continueront donc à répartir leurs voix entre les quatre partis connus, pour avoir, tour à tour, exercé le pouvoir ; sans doute on pourra trouver des candidats Mac-Mahoniens républicains, des candidats Mac-Mahoniens bonapartistes, etc... mais ce n'est là qu'une petite hypocrisie de langage qui ne trompera personne. Les députés, une fois arrivés à la Chambre, accrocheront au vestiaire ce manteau d'emprunt, et n'entreront dans la salle que parés de leurs véritables couleurs.

Sur ce second point j'estime donc que le septennat du maréchal, s'il a évité les difficultés très-sérieuses des lois constitutionnelles, n'échappera ni à la nécessité de faire appel à une Chambre nouvelle, ni à l'impossibilité de gouverner avec elle ; la force des choses, qui est plus logique que tous les raisonnements humains, aura éliminé de cette Assemblée nouvelle deux partis sur quatre et la lutte s'établira immédiatement entre les deux survivants. Cette lutte, peut-être sanglante, aurait pu être évitée et pourrait l'être encore si on avait la bonne foi d'avouer que le terrain politique dont on dispose est beaucoup trop étroit pour contenir le parti conservateur tout entier, qu'il n'y a de place que pour une dictature de quelques mois, précédant un gouvernement régulier et non pour le gouvernement lui-même.

*
* *

J'aurais fini, si je n'avais à parler encore de ces contingents du hasard qui jouent un si grand rôle dans les crises révolutionnaires, de ce hasard qui n'est au fond que la conséquence forcée des événements, mais que les politiques de profession baptisent ainsi pour s'excuser de ne l'avoir pas prévu.

Au nombre des éventualités entrevues dès aujourd'hui, il faut tenir compte des espérances, fondées ou non fondées, qu'une portion de la bour-
geoisie met en la personne de Monseigneur le duc
d'Aumale. Ce prince a une situation privilégiée, et
ses vues, dit-on, ne vont pas au-delà de la prési-
dence de la République. Cependant il n'a, ni dans
le parlement ni dans le pays, une majorité suffisante
pour obtenir le pouvoir par des voies régulières?
l'offense-t-on en le croyant capable de dénouer
brusquement une situation difficile? l'offense-t-on
en le croyant incapable de le faire? C'est ce que je
ne saurais préciser. Ce qu'il y a de certain, c'est
que les 18 brumaire et les 2 décembre ne sont pas à
la merci de toutes les bonnes volontés.

C'est une seconde éventualité très en vue aussi
que la démission de l'honorable maréchal Mac-
Mahon; il y aura certainement, dans le cours de la
discussion des lois constitutionnelles, bien des évé-

nements qui peuvent rendre cette démission probable; il faut y ajouter l'impossibilité, devenue évidente, de trouver un ministère capable de grouper d'une manière constante la majorité; la nécessité de prendre ce ministère dans les rangs de la gauche et du centre gauche; et, après l'heureuse issue des débats constitutionnels, la redoutable éventualité d'une Chambre nouvelle; toutes ces situations peuvent amener la démission du chef de l'État.

Enfin il est à peu près certain que devant la probabilité d'un appel direct ou indirect au pays, les bonapartistes ne voulant, pas plus que les autres partis, être privés de la présence de leur chef feront rentrer en France leur prince, devenu majeur, la loi de déchéance n'impliquant pas l'exil. Ce jour-là on peut être près d'une solution.

Je termine en faisant une triste réflexion : ce grand pays s'obstine à caresser une chimère, et aujourd'hui comme toujours, dupe d'un mot à la mode, criant : *Tout pour la France et rien pour les partis*, comme il a crié : *Vive la Réforme* en 1848 et, vingt ans plus tard, *le gouvernement du pays par le pays*, il s'éternise dans une situation précaire pleine de périls intérieurs et extérieurs ; quand un homme a été jeté à terre par un coup violent, il se relève et hésite quelques instants avant de reprendre sa marche ; s'il reste indécis et immobile, il devient inutile à lui-même, gênant pour les autres et bientôt la risée de tous. Il serait cependant bien facile de mettre pacifiquement aux prises tous les partis et d'adjuger le pouvoir au vainqueur. En sept jours de définitif on ferait plus de besogne qu'en sept ans de provisoire.

Edouard BOINVILLIERS.

235.74. — Boulogne (Seine). — Imprimerie JULES BOYER et Cⁱᵉ.